I0156642

Seb. Le Roy Del.   Massol Sc.

Madame

DE

SÉVIGNÉ

A PARIS

Chez Le Fuel, Libraire, Rue St Jacques,
n° 54, près celle du Foin.

(1812)

MADAME
DE SÉVIGNÉ.

———

MARIE DE RABUTIN DE CHANTAL
naquit, le 5 février 1626, de Bé-
nigne de Rabutin, baron de Chantal, et de Marie de Coulanges. Son
père, le baron de Chantal, était
fils de Jeanne-Françoise Frémiot,
fondatrice de l'ordre de la Visita-
tion. Il fut tué, selon quelques
historiens, de la propre main de
Cromwel, le 22 juillet 1627, à la

I

descente des Anglais dans l'isle
de Rhé, où il commandait l'esca-
dron des gentilshommes volontai-
res. Marie Rabutin n'avait que
dix-huit mois quand elle perdit
son père ; elle fut élevée par sa
mère et un oncle, dont elle était
bien tendrement aimée. Son éducation fut supérieure à celle de
son siècle. Des lectures vagues,
une étude superficielle de l'his-
toire, une légère connaissance des
langues formaient le plan d'éducation le plus parfait que l'on suivît
en France : elle apprit le latin,
l'espagnol et l'italien, et elle en-
tendait ces langues assez bien

pour en connaître les meilleurs
auteurs. A toutes ces connaissances elle joignait le cœur le plus
tendre, le plus sincère, le plus élo-
quent; ce cœur brûlant, qui pouvait faire le malheur de sa vie, ne
s'ouvrit qu'à l'amitié : elle en porta
le sentiment au plus haut degré;
il répandit sur tout ce qui venait
d'elle le charme qu'elle éprouvait
elle-même.

La jeune Rabutin avait plus de
physionomie que de beauté, des
traits plus expressifs qu'imposans,
une taille aisée, une stature plus
grande que petite, une riche che-
velure blonde, une santé brillante,

un teint éclatant, des yeux dont la
vivacité animait encore son langage et la prestesse de ses mou-
vemens ; une jolie voix, autant de
musique qu'on en savait alors,
enfin une danse brillante pour le
tems. Avec cet apanage de mérite
et d'attraits, elle joignit une dot
de 100 mille écus, qui à cette
époque ne valaient guère moins
de 700 mille francs : ces charmes
et cette fortune devinrent le partage de Henri, marquis de Sévigné,
issu d'une ancienne maison de
Bretagne. M. de Sévigné aimait
le plaisir et la dépense, et il avait

un grand fonds de gaîté, de légè-
reté et d'insouciance.

Les premières années de ce
mariage furent heureuses. Les
fruits en furent tardifs, le premier fut un fils, Charles de Sévigné, né en mars 1647; sa sœur
le suivit de près. Madame de Sévigné n'eut pas d'autres enfans,
et ne connut pas les chagrins
d'une perte qu'elle eût sentie plus
vivement que tout autre. La conduite légère de M. de Sévigné altéra le bonheur que tout semblait
assurer à son épouse, à son fils, et
à sa fille. Après un grand nombre

d'infidélités obscures et passagè-
res, il finit par la sacrifier avec
éclat à une femme trop digne de
cette rivalité par ses charmes, à la
célèbre Ninon de l'Enclos, qui,
née pour le bonheur de tout ce
qu'il y avait alors de plus aimable,
sembla destinée à tourmenter la
seule Sévigné pendant presque
toute sa vie. Madame de Sévigné
avait alors vingt-quatre ans; elle
eut besoin de toutes les ressources
qu'assure la culture de l'esprit
pour supporter les peines cruelles
que l'inconstance de son époux
lui causa. Elle gémit en silence;
elle espéra que le tems lui rame-

nerait le marquis... Mais un malheur plus affreux l'attendait,
monsieur de Sévigné fut tué en
duel; on ignora la cause de ce
combat. La douleur de madame
de Sévigné fut extrême. On de-
vine bien qu'il lui fallut se priver
du soulagement de ses larmes pour
remplir ses devoirs nouveaux, celui de suivre l'éducation de deux
enfans en bas âge, et celui de ré-
parer le délabrement de sa fortune. Le succès avec lequel cette
veuve de vingt-cinq ans satisfit à
cette double tâche se montre
dans tous les détails intéressans
de ses lettres. Elle se forma un

plan de vie dont elle ne s'écarta
jamais, et qui fit son bonheur et
sa gloire. D'excellens principes de
religion furent la base de sa conduite : personne ne sut mieux
qu'elle y recourir dans tous les événemens de sa vie, et en tirer sa
consolation dans tous ses revers :
mais, en confiant à l'Être Suprême
le succès de ses entreprises, elle
n'omettait rien de ce qui pouvait
les faire réussir. Son bon sens, sa
droiture naturelle, lui donnaient
le goût de l'économie. Les conseils
de son oncle lui en donnèrent l'in-
telligence. Son esprit, malgré l'ha-
bitude de sacrifier aux graces, ne

répugnait point aux affaires ; et
dans l'administration de ses biens
elle apporta cette juste attention
qui est également éloignée d'une
application inquiète et d'une légè-
reté dangereuse. Elle s'y appli-
quait, elle y sacrifiait son plaisir,
ou plutôt elle le trouvait dans l'ac-
complissement de ses devoirs.
Elle faisait de longs séjours dans
ses terres, pour revenir à Paris
libre d'affaires et de créanciers.
Elle savait fort bien vendre ou
louer des terres, presser des fer-
miers, diriger des ouvriers. Elle
ne laissait point à sa beauté seule
le soin de solliciter des procès.

Ménage raconte qu'un jour, tout en recommandant, avec beaucoup d'aisance, une affaire au président de Bellièvre, elle s'aperçut qu'elle s'embarrassait dans les termes : « Au moins, monsieur, dit-elle, je sais bien l'air, mais j'oublie les paroles. »

Sa sage économie ne l'éloignait pas de la dépense qu'exigeait son état: son goût était honorable; elle représentait avec dignité, elle ne condamnait que la négligence, la prodigalité, et les fantaisies ruineuses. Après avoir établi dans sa maison la règle et l'économie, qui ont tant d'influence sur le bonheur, madame de Sévigné donna ses soins à l'éducation de ses enfans et à leur établissement. Non seulement le mérite de son fils et de sa fille, ainsi que leurs vertus, donnèrent la mesure de sa capacité en ce genre, mais il est facile de tirer de ses lettres une suite de maximes sur ce sujet; et l'on y verra que, loin de tenir aux fausses méthodes accréditées dans son tems, elle avait deviné plusieurs des perfectionnemens dont le nôtre s'enorgueillit avec tant de justice.

Ses enfans reçurent d'elle tous les secours qui pouvaient seconder

un naturel heureux. Ils entrèrent
et parurent avec distinction dans
le monde. Le marquis de Sévigné,
l'un des hommes le plus aimables
et le plus recherchés de la capitale,
fut également distingué par son
mérite militaire.

Mademoiselle de Sévigné parut
avec éclat à la cour de Louis XIV,
où sa mère la présenta avant d'être
mariée. Son esprit, sa beauté, ses
charmes, furent célébrés par les
poëtes les plus fameux de la na-
tion. Elle embellit les tournois
donnés à la cour en 1664 et 1665.
Dans une de ces fêtes brillantes,
où le roi dansait devant une cour

nombreuse, mademoiselle de Sévigné représentait une bergère.
Voici les vers que Benserade fit
pour elle.

Déja cette beauté fait craindre sa puissance,
Et, pour nous mettre en butte à d'extrêmes
           dangers,
Elle entre justement dans l'âge où l'on com-
           mence
A distinguer les loups d'avecque les bergers.

Dans le ballet de 1664, mademoiselle de Sévigné figurait un
Amour déguisé en Nymphe mari-
time, et le poëte lui disait :

Vous travestir ainsi, c'est bien être ingénu ;
Amour, c'est comme si, pour n'être pas
           connu,

Avec une innocence extrême,

Vous vous déguisiez en vous-même.

Elle a vos traits, vos yeux, et votre air

engageant,

Et de même que vous sourit en égorgeant;

Enfin, qui fit l'un a fait l'autre,

Et jusques à sa mère, elle est comme la vôtre.

La mère et la fille s'attirèrent des hommages, autant par leurs agrémens que par leur vertu. Quel objet plus touchant qu'une mère aimable, jeune encore, qui ne vit, ne respire que pour sa famille, qui voit avec complaisance une fille charmante prête à la remplacer, et qui ne songe qu'à la faire valoir? Madame de Sévigné, au milieu de tous les plaisirs de la cour, évita toujours d'en prendre les airs. Rien n'altéra la pureté de son ame généreuse; ses succès ne lui inspirèrent point l'oubli des malheureux.

Madame de Sévigné se conduisit, pour l'établissement de ses enfants, d'après les principes qui l'avaient toujours animée, c'est-à-dire par des vues justes, une ambition noble, mais modérée, et des sacrifices proportionnés à sa fortune. Elle acheta pour son fils un emploi considérable; et le mariage de sa fille devint son unique sollicitude. Elle voyait bien peu

de gendres pour sa fille. Enfin, le
27 janvier 1669, elle épousa le
comte de Grignan, homme d'une
haute qualité, d'un âge mûr, et qui
jouissait d'une réputation bien
méritée. Madame de Sévigné s'é-
tait flattée qu'en faisant le mariage
de sa fille avec un homme de la
cour, elle passerait sa vie avec
elle; mais à quelque tems de là,
M. de Grignan, qui était lieute-
nant-général au gouvernement de
Provence, reçut l'ordre de s'y
rendre; et dans la suite il y com-
manda presque toujours dans l'absence du duc de Vendôme, qui en
était alors gouverneur. Alors com-

mença pour madame de Sévigné un second veuvage, plus pénible peut-être que le premier ; ce sont les absences de sa fille, auxquelles nous devons cette correspondance, où l'on trouve des narrations piquantes, des réflexions fines et judicieuses sur les événemens du tems, des détails charmans de sa vie privée, et sur-tout une inépuisable effusion de tendresse pour ses amis et pour sa fille. Ces absences, que madame de Sévigné regardait comme son mauvais tems, sont devenues les bons momens de la postérité.

Les lettres de madame de Sé-

vigné sont un tableau simple et
vrai, dont l'expression se prolonge
et dure une partie de la vie des
acteurs qui y sont représentés :
quelques voyages, la perte de plusieurs amis, les campagnes, les
dangers, les espérances, les légers
écarts et le mariage de son fils,
sur-tout les diverses fortunes de
sa fille, enfin quelques accidens de
sa propre santé, forment les seuls
événemens de la vie de madame
de Sévigné.

Elle fut aimée et recherchée
par tout ce que la cour avait
d'illustre ; et quoique environnée
de séductions dans un âge où il

est bien difficile d'y résister, il est constant que la médisance même n'a pu prêter la moindre faiblesse à Madame de Sévigné.

C'était toujours ou des relations anciennes, ou l'estime et le goût, qui réglaient le choix de ses amis ; aucune vue d'ambition n'y entrait. Elle se liait volontiers avec les malheureux ; mais elle voulait aimer ou estimer ceux avec qui elle avait à vivre. Cette simplicité de mœurs, cette facilité de caractère, sont d'un prix inestimable aux yeux de ceux qui savent apprécier la vertu. Il est un mérite plus grand encore, celui de sacrifier

son goût à ses devoirs, de se fami-
liariser si bien avec les décences
de son état, qu'on y trouve son
bonheur, et qu'on ne connaisse pas
d'autre existence. Madame de
Sévigné en fournit sans cesse des
exemples : chargée de la vieillesse
de l'abbé de Coulanges, qui lui
avait légué tous ses biens, et qui
avait ajouté à ses largesses une
affection plus touchante que les
bienfaits, elle sut faire le bonheur
de cet oncle chéri, n'être point
malheureuse avec lui, et ne ressen-
tir ni gêne ni ennui des devoirs
auxquels elle était assujettie. Aussi
éloignée de cette perfide indul-

gence qui approuve les faiblesses, que de cette politesse timide qui dissimule les ridicules, madame de Sévigné excellait à corriger l'une et l'autre. Rien n'échappait au zèle de son amitié; les petits travers de ses amis, leurs torts même, étaient relevés sans déguisement. Sa fille, qu'elle aimait si éperdûment, et dont elle adorait les grandes qualités, recevait souvent des leçons ingénieuses. « Que fait votre paresse, lui écrit-« elle, pendant tout ce tracas? Elle « vous attend dans quelques mo-« mens perdus pour vous faire sou-« venir d'elle, et vous dire un mot

« en passant. Songez-vous que je
« suis votre plus ancienne amie,
« la fidelle compagne de vos beaux
« jours, que c'est moi qui vous con-
« solais de tous les plaisirs, qui
« même quelquefois vous les fai-
« sais haïr : souvent votre mère
« troublait nos plaisirs ; mais je sa-
« vais bien où vous reprendre. Il
« me semble que vous lui répon-
« drez un petit mot d'amitié : vous
« lui donnez quelque espérance de
« vous posséder à Grignan ; mais
« vous passez vîte, et vous n'avez
« pas le loisir d'en dire davan-
« tage. »

Quel ascendant sa bonté, sa

Seb. Le Roy Del.

Massol Sc.

douceur lui donnait sur le marquis de Sévigné, son fils. Au milieu des égaremens d'une jeunesse déréglée, il venait se jeter dans ses bras, et choisissait pour confidente cette mère, dont la conduite et les sentimens condamnaient hautement les siens. Elle connaissait son cœur mieux que lui-même; et, pour le ramener à la vertu, aucun sacrifice ne lui coûtait.

« Tenez, lui dit-elle un jour en lui donnant son écrin; tenez, marquis, voici le présent que me fit votre père le jour de votre naissance; il suffit au-delà pour la somme nécessaire à l'acquitte-

ment des dettes *d'honneur* que
vous avez si imprudemment con-
tractées. Que je n'entende plus
mal parler sur votre compte. »

Une autre fois, son fils sans l'en
prévenir, disposa d'une partie des
bois de son domaine ; et madame de Sévigné écrit à sa fille :

«Ma fille, il faut que vous essuyez
« tout ceci. Toutes ces Dryades af-
« fligées que je vis hier, tous ces
« vieux Sylvains qui ne savent
« plus où se retirer, tous ces an-
« ciens corbeaux établis depuis
« deux cents ans dans l'horreur de
« ces bois, ces chouettes qui dans
« cette obscurité annonçaient par

« leurs funestes cris le malheur de
« tous les hommes ; tout cela me
« fit hier des plaintes qui me tou-
« chèrent sensiblement le cœur ;
« et que sait - on même si plu-
« sieurs de ces vieux chênes n'ont
« point parlé, comme celui où
« était Clorinde ; ce lieu était un
« *luogo d'incanta*s'il en fut jamais.
« Je revins donc toute triste ; le
« souper que me donna le prési-
« dent ne fut point capable de me
« réjouir. »

Faut-il être surpris que madame
de Sévigné ait triomphé des faiblesses et des passions de son fils?
Elle n'avait pas besoin d'être mère

pour exercer cet empire de la per-
suasion. Ses lettres, ainsi que ses
conversations étaient remplies du
sel le plus ingénieux. Elle était
d'une franchise extrême ; mais
elle réparait, par sa douceur, le
tort que lui faisait sa sincérité. Son
cœur, inaccessible à la haine et au
dépit, s'ouvrait aux impressions
de l'indulgence et de l'amitié.
« Ne nous chargeons point d'une
« haine à soutenir, disait-elle à
« madame de Grignan, c'est un
« pesant fardeau : éteignons nos
« ressentimens, et prévenons ceux
« des autres. Admirez madame La
« Fayette; elle vient à bout de tout,

« rien ne s'oppose à elle; ses en-
« fans ressentent tous les jours le
« bonheur que leur procure son
« esprit doux et conciliant. »

Madame de Sévigné se conso-
lait, par les plaisirs de l'esprit, de
la solitude de la campagne. « J'ai
apporté ici, écrit-elle à sa fille,
quantité de livres choisis ; on ne
met pas la main sur un, tel qu'il
soit, qu'on n'ait envie de le lire
tout entier. J'ai toute une tablette
de dévotion ; ah ! quelle dévotion !
quel point de vue pour honorer
notre religion ! l'autre est toute
d'histoires admirables, l'autre de
poésies, de nouvelles et de mé-

moires. Quand j'entre dans ce
cabinet, je ne comprends pas pourquoi j'en sors ». Rien de plus inté-
ressant que la description qu'elle
fait de ses promenades champê-
tres. On peut la proposer aux
mères comme un excellent modèle, et aux femmes qui veulent
cultiver leur esprit. Elle aimait la
littérature, mais elle se borna aux
écrits qu'elle pouvait apprécier.
Elle se passionna pour les chefs-
d'œuvre de son siècle, et la postérité a consacré presque tous ses
jugemens.

Le mérite de madame de Sévigné était presque universel.

Tout ce qui venait de cette femme célèbre portait l'empreinte de son esprit, une imagination vive, brillante, sage, des connaissances étendues, un discernement juste, un goût exquis; tout ce qu'on peut desirer d'aimable et d'estimable est rassemblé dans ses écrits. Aussi on a peu de matériaux pour composer la vie de cette illustre dame. C'est dans ses lettres qu'il faut la chercher tout entiere; et nous citerons celles où sa belle ame se montre à nu.

Un des avantages dont madame de Sévigné eut encore le bonheur de jouir, ce fut de conserver très

3.

tard ses agrémens extérieurs. Pendant quelque tems on la crut me-
nacée d'apoplexie, et on l'envoya
aux eaux : ces alarmes ne durèrent
point. En trente ans on ne lui vit
d'autre maladie qu'un rhumatis-
me. Elle sentit peu ce que la con-
dition des femmes a de plus dur,
ce passage brusque des jeunes
années à l'âge contraire. Heureuse
toute sa vie par des affections
naturelles et pures, madame de
Sévigné s'aperçut moins des ra-
vages du tems; et ce ne fut point
pour elle que son ami Larochefoucault avoit dit que l'*enfer des
femmes est la vieillesse.*

Seb. Le Roy Del.   Massol Sc.

Quand la mort l'enleva à l'âge de soixante-dix ans, sa maladie, fruit des inquiétudes et des fatigues que lui causait depuis six mois celle de sa fille, la surprit, et n'était annoncée par aucun symptôme.

Constamment attachée au chevet du lit de sa fille, l'agitation et les peines de madame de Sévigné furent extrêmes; mais la mesure de ses forces resta au-dessous des soins que prodiguait son attachement; et cette tendre mère succomba à tant de fatigues et d'angoisses, le 20 avril 1696, âgée de soixante-dix ans.

Madame de Sévigné montra dans ces derniers momens une tête aussi forte que son cœur était irréprochable. Tous ses amis furent sincèrement affligés de sa perte.

Madame de Sévigné eut sa sépulture dans l'église collégiale de Grignan. Il y a quelques années que le maréchal du Muy, auquel appartenait alors cette terre, avait fait exhumer et déposer son cercueil dans un cénotaphe élevé au milieu de cette même église. Ce tombeau fut violé à l'époque où la recherche des plombs servit de prétexte à bien d'autres attentats.

FRAGMENS

DE LETTRES

SUR DIFFÉRENS SUJETS.

———

M. le comte de la Rivière a dit :

« Quand on a lu une lettre de
« madame de Sévigné, on sent
« quelque peine, parcequ'on en a
« une de moins à lire. »

———

à M. de Grignan.

Est-ce qu'en vérité je ne vous ai pas donné la plus jolie femme du monde? Peut-on être plus honnête, plus régulière? Peut-on vous aimer plus tendrement? Peut-on avoir des sentimens plus chrétiens? Peut-on souhaiter plus passionnément d'être avec vous, et peut-on avoir plus d'attachement à tous ses devoirs? Cela est assez ridicule, que je dise tant de bien de ma fille; mais c'est que j'admire sa conduite comme les au-

tres, et d'autant plus que je la
vois de plus près, et qu'à vous dire
vrai, quelque bonne opinion que
j'eusse d'elle sur les choses principales, je ne croyais point du tout
qu'elle dût être exacte sur toutes
les autres au point qu'elle l'est.
Je vous assure que le monde aussi
lui rend bien justice, et qu'elle
ne perd aucune des louanges qui
lui sont dues. Voilà mon ancienne
thèse qui me fera lapider un jour;
c'est que le public n'est ni fou, ni
injuste. Madame de Grignan doit
en être trop contente, pour dis-
puter contre moi présentement;
elle a été dans les peines de votre

santé, qui ne sont pas concevables : je me réjouis que vous soyez guéri, pour l'amour de vous, et pour l'amour d'elle. Je vous prie, que si vous avez encore quelque bourasque à espérer de votre bile, vous en obteniez d'attendre que ma fille soit accouchée. Elle se plaint tous les jours de ce qu'on l'a retenue ici, et dit tout sérieusement que cela est bien cruel de l'avoir séparée de vous. Il semble que ce soit par plaisir que nous vous ayons mis à deux cents lieues de nous. Je vous prie sur cela de conserver son esprit, et de lui témoigner la joie que vous avez

d'espérer qu'elle accouchera heu-
reusement ici.

Rien n'était plus impossible que
de l'emmener dans l'état où elle
était, et rien ne sera si bon pour
sa santé, ni même pour sa réputation que d'y accoucher au milieu
de ce qu'il y a de plus habile, et
d'y être demeurée avec la conduite
qu'elle y a. Si elle voulait après
cela devenir folle et coquette, elle
le serait plus d'un an, avant qu'on
pût le croire, tant elle a donné
bonne opinion de sa conduite.

———

A sa fille.

Vous savez que je ne puis souffrir que les vieilles gens disent, Je suis trop vieux pour me corriger; je pardonnerais plutôt aux jeunes gens de dire, Je suis trop jeune. La jeunesse est si aimable qu'il faudrait l'adorer, si l'ame et l'esprit étaient aussi parfaits que le corps. Mais quand on n'est plus jeune, c'est alors qu'il faut se corriger, et regagner par les bonnes qualités ce qu'on a perdu du côté des agréables.

A la même.

J'ai une santé au-dessus de toutes les craintes ; je vivrai pour vous
aimer ; et j'abandonne ma vie à
cette unique occupation, c'est-à-
dire à toute la joie et à toute la
douleur, à tous les agrémens et à
toutes les mortelles inquiétudes
que cette passion peut me donner.
Ah ! mon enfant, je voudrais bien
vous voir un peu, vous embrasser,
vous entendre, vous voir passer,
si c'est trop demander que le reste.
Cela fait plaisir d'avoir un ami

comme d'Hocqueville, à qui rien
de bon, de solide, ne manque. Si
vous nous aviez défendu de parler
de vous ensemble, nous serions
bien embarrassés, car cette conversation nous est si naturelle, que
nous y tombons insensiblement.
C'est un penchant si doux qu'on
y revient sans peine, et quand,
après en avoir bien parlé, nous
nous détournons un moment, je
prends la parole d'un bon ton, et
je lui dis; mais disons donc un
pauvre mot de ma fille. Il semble
que depuis votre départ je suis
toute nue, on m'a dépouillée de
tout ce qui me rendoit aimable.

Je n'ose plus voir le monde, et quoi qu'on ait fait pour m'y mettre, j'ai passé ces jours-ci comme un loup garou. Peu de gens sont dignes de comprendre ce que je sens.

———

Sur les passions.

Madame de Sévigné avoit vu couper des vipères pour faire du bouillon à madame de La-fayette, et elle écrit :

On coupe la tête et la queue à cette vipère, on l'ouvre, on l'écorche, et toujours elle remue ; une heure, deux heures, on la voit toujours remuer : nous comparâmes cette quantité d'esprits, si difficiles à appaiser, à de vieilles passions.

Que ne leur fait-on pas? On dit des injures, des rudesses, des cruautés, des mépris, des querelles, des plaintes, des rages, et toujours elles remuent, on ne saurait en voir la fin. On croit que quand on leur arrache le cœur c'en est fait, et qu'on n'en entendra plus parler, point du tout, elles sont encore en vie, elles remuent toujours.

A sa fille.

J'ai été à la noce de madame de Louvois. Que vous dirai-je? magnificence, illumination, toute la France, habits rebattus et rebrochés d'or, pierreries, brasier de feu et de fleurs, embarras de carrosses, cris dans la rue, flambeaux allumés, reculemens et gens roués: enfin le tourbillon, la dissipation, les demandes sans réponses, les complimens sans savoir à qui l'on parle, les pieds entortillés dans les queues, du milieu de tout cela

il sortait quelques questions de
votre santé, à quoi n'étant pas
assez pressée de répondre, ceux
qui les faisaient sont demeurés
dans l'ignorance et dans l'indiffé-
rence de ce qui en est. O vanité
des vanités!

———

A la même.

Ma douleur serait bien médio-
cre si je pouvais vous la peindre.
Je ne l'entreprendrai pas aussi.
J'ai beau chercher ma chere fille,
je ne la trouve plus, et tous les pas
qu'elle fait l'éloignent de moi. Je
m'en allai donc à Sainte-Marie,

toujours pleurant et toujours
mourant ; il me semblait qu'on
m'arrachait le cœur et l'ame, et
en effet quelle rude séparation !
je demandai la liberté d'être seule ;
on me mena dans la chambre de
madame du Housset, on me fit
du feu. Agnès me gardait sans me
parler ; c'était notre marché. J'y
passai jusqu'à cinq heures sans
cesser de sangloter. Toutes mes
pensées me faisaient mourir. J'é-
crivis à M. de Grignan, vous pouvez penser sur quel ton. J'allai
ensuite chez madame de Lafayette,
qui redoubla mes douleurs par
l'intérêt qu'elle y prit. Elle était

seule et malade, et triste de la mort
d'une sœur religieuse ; elle était
comme je la pouvais desirer. M.
de Larochefoucault y vint, on ne
parla que de vous, de la raison
que j'avais d'être touchée, et du
dessein de parler comme il faut à
Mélusine, je vous réponds qu'elle
sera bien relancée. D'Hacqueville
vous rendra un bon compte de
cette affaire. Je revins enfin à huit
heures de chez madame Lafayette ;
mais en rentrant ici, comprenez-
vous bien ce que je sentis en
montant ce degré ? Cette chambre
où j'entrais toujours, hélas ! j'en
trouvai les portes ouvertes ; mais

je vis tout démeublé, tout déran-
gé, et votre petite fille qui me représentait la mienne.... Comprenez-vous bien tout ce que je souf-
fris ? Les réveils de la nuit ont été
noirs ; et le matin je n'étais pas
avancée d'un pas pour le repos
de mon esprit.

———

A la même.

Je reçois vos lettres comme vous
avez reçu ma bague. Je fonds en
larmes en les lisant. Il me semble
que mon cœur veuille se fendre
par la moitié. On croirait que vous

m'écrivez des injures, ou que vous
êtes malade, ou qu'il vous est
arrivé quelque accident, et c'est
tout le contraire. Vous m'aimez,
ma chere enfant, et vous me le
dites d'une maniere que je ne puis
soutenir sans des pleurs en abon-
dance. Vous continuez votre voyage sans aucune aventure fâcheuse:
Lorsque j'apprends tout cela, qui
est justement tout ce qui peut
m'être le plus agréable, voilà l'état
où je suis. Vous vous amusez donc
à penser à moi, vous en parlez,
et vous aimez mieux m'écrire vos
sentimens que vous n'aimez à me
les dire. De quelque façon qu'ils

me viennent, ils sont reçus avec
une sensibilité qui n'est comprise
que de ceux qui savent aimer
comme je le fais. Vous me faites
sentir pour vous tout ce qu'il est
possible de sentir de tendresse;
mais si vous songez à moi, soyez
assurée que je pense continuelle-
ment à vous. C'est ce que les dévots
appellent une pensée habituelle,
c'est ce qu'il faudrait avoir pour
Dieu, si l'on faisait son devoir.
Rien ne me donne de distraction;
je vois ce carrosse qui avance toujours, et qui n'approchera jamais
de moi : je suis toujours dans les
grands chemins, il me semble que

j'ai quelque peur que ce carrosse ne verse. Les pluies qu'il fait depuis trois mois me mettent au désespoir. Le Rhône me fait une peur étrange. J'ai une carte devant mes yeux, je sais tous les lieux où vous couchez. Je fais tous les jours dire une messe pour vous. C'est une dévotion qui n'est pas chimérique. Ayez soin de votre santé, servez-vous du courage qui me manque.

A la même.

Je vous conjure ma fille de conserver vos yeux ; pour les miens,
vous savez qu'ils doivent finir à
votre service. Vous comprenez
bien, ma belle, que de la manière
que vous m'écrivez, il faut que je
pleure en lisant vos lettres. Joignez
à la tendresse et à l'inclination
naturelle que j'ai pour vous la
petite circonstance d'être persuadée que vous m'aimez, et jugez de
l'excès de mes sentimens. Méchante, pourquoi me cachez-

vous quelquefois de si précieux trésors? vous avez peur que je meure de joie : mais ne craignez-vous pas aussi que je meure du déplaisir de croire voir le con-traire? Je prends d'Hacqueville à témoin de l'état où il m'a vue au-trefois : mais quittons ces tristes souvenirs, et laissez-moi jouir d'un bien sans lequel la vie m'est dure et fâcheuse. Ce ne sont point des paroles, ce sont des vérités.

Je suis présentement assez rai-sonnable ; je me soutiens au be-soin, et quelquefois je suis quatre ou cinq heures tout comme un autre ; mais peu de chose me re-

met à mon premier état : un souvenir, un lieu, une parole, une
pensée un peu trop arrêtée, vos
lettres, sur-tout les miennes, même
en les écrivant, quelqu'un qui me
parle de vous, voilà des écueils à
ma constance, et ces écueils se
rencontrent souvent.

Je vois madame de Villars, je
me plais avec elle, parcequ'elle
entre dans mes sentimens; elle
vous dit mille amitiés. Madame
de Lafayette comprend fort aussi
les tendresses que j'ai pour vous,
elle est touchée de l'amitié que
vous me témoignez. Je suis souvent dans ma famille, quelquefois

5.

le soir ici, le soir par lassitude ;
mais rarement j'ai vu cette pauvre
madame Amelot; elle pleure bien,
je m'y connais.

———

A la même.

Je reçois votre lettre, ma chere
enfant, et j'y fais réponse avec
précipitation parcequ'il est tard :
cela me fait approuver les avances
de provisions; je vois bien que tout
ce que l'on m'a dit de vos aventu-
res à votre arrivée n'est pas vrai,
j'en suis très aise. Ces sortes de
petits procès dans les villes de pro-

vince, où l'on n'a rien autre chose
dans la tête, sont une éternité
d'éclaircissements, et c'est assez
pour mourir d'ennui. Mais vous
êtes bien plaisante, madame la
comtesse, de montrer mes lettres.
Où est donc ce principe de cacho-
terie pour ce que vous aimez ?
Vous souvient-il avec quelle peine
nous attrapions les dates de celles
de M. de Grignan ? Vous pensez
m'appaiser par vos louanges, et
me traiter toujours comme la
gazette de Hollande ; je m'en ven-
gerai. Vous cachez les tendresses
que je vous mande, fripponne, et
moi je montre quelquefois, et à

certaines gens, celles que vous m'écrivez. Je ne veux pas que l'on croye que j'ai pensé mourir, et que je pleure tous les jours, pour qui? pour une ingrate.

Je veux qu'on voie que vous m'aimez, et que si vous avez mon cœur tout entier, j'ai une place dans le vôtre. Je ferai tous vos complimens. Chacun me demande, ne suis-je point nommé? Et je dis, non, pas encore, mais vous le serez. . . . .

. . . .

Pour M. de Grignan, il peut bien s'assurer que si je puis quelque jour avoir sa femme, je ne la

lui rendrai pas. Comment ! ne
pas me remercier d'un tel présent;
ne pas me dire qu'il est transporté ! il m'écrit pour me la demander, et il ne me remercie point
quand je la lui donne !

A la même.

J'allai hier dîner à Pomponne,
M. d'Arnauld d'Andilly m'y attendait. Je n'aurais pas voulu man-
quer à lui dire adieu. Je le trouvai dans une augmentation de
sainteté qui m'étonna. Plus il ap-
proche de la mort, et plus il se
pare.

Il me gronda bien sérieusement, et, transporté de zèle et d'amitié pour moi, il me dit que j'étais folle de ne pas songer à me convertir, que j'étais une jolie païenne: que je faisais de vous une idole de mon cœur : que cette sorte d'idolâtrie était aussi dangereuse qu'une autre, quoiqu'elle me parût moins criminelle ; qu'enfin je songeasse à moi : il me dit tout cela si fortement, que je n'avais pas le mot à dire.

Enfin, après six heures de conversation très agréable quoique très sérieuse, je le quittai et vins ici, où je trouvai tout le triomphe du mois de mai. Le rossignol, le coucou, la fauvette, ont ouvert le printemps dans nos forêts. Je m'y suis promenée tout le soir toute seule, j'y ai trouvé toutes mes tristes pensées : mais je ne veux plus vous en parler. J'ai destiné une partie de cette après-dînée à vous écrire dans le jardin, où je suis étourdie de trois ou quatre rossignols qui sont sur ma tête.

Il est vrai, ma fille, qu'il manqua un degré de chaleur à mon amitié ; quand je rencontrai la chaîne des galériens, je devais aller avec eux, au lieu de ne songer qu'à vous écrire.

Que vous eussiez été bien agréablement surprise à Marseille, de me trouver en si bonne compagnie : mais vous y allez donc en litière ? Quelle fantaisie ; j'ai vu que vous n'aimiez les litières que lorsqu'elles étaient arrêtées : vous êtes bien changée. Je suis entièrement du parti des médisans ; tout l'honneur que je puis vous faire, c'est de croire que jamais vous ne vous seriez servie de cette voiture, si vous ne m'aviez point quittée, et que M. de Grignan fût resté dans sa Provence.

A la même.

Me voilà prête à monter dans
une calèche. Voilà qui est fait ;
je vous dis adieu, jamais je ne vous
dirai cette parole sans une douleur sensible. Je m'en vais donc
en Bretagne! est-il possible qu'il
y ait encore quelque chose à faire
à un éloignement, quand on est à
deux cents lieues l'une de l'autre ?
Cependant j'ai trouvé encore à le
perfectionner ; et comme vous avez
trouvé que votre ville d'Aix n'était
pas encore assez loin, je trouve

aussi que Paris est dans votre voi-
sinage. Vous êtes allée à Marseille
pour me fuir, et moi, pour le ren-
vier sur vous, je m'en vais à Vitré.
Tout de bon, ma petite, j'ai bien
du regret à notre commerce, il
m'était d'une grande consolation
et d'un grand amusement, il sera
présentement d'une étrange façon. Hélas ! que vais-je vous dire
du milieu de mes bois ? Je suis fort
contente de tout ce que vous me
dites de votre santé, mais au nom
de Dieu, si vous m'aimez, con-
servez-vous, ne dansez point, ne
tombez point, reposez-vous souvent.

A la méme.

Enfin, ma fille, me voici dans ces pauvres rochers. Peut-on revoir ces allées, ces devises, ce petit cabinet, ces livres, cette chambre, sans mourir de tristesse? il y a des souvenirs agréables, mais il y en a de si vifs et de si tendres, qu'on a peine à les supporter. Ceux que j'ai de vous sont de ce nombre. Ne comprenez-vous pas bien l'effet de ce que cela peut faire dans un cœur comme le mien.

Si vous continuez de bien vous

porter, ma chère enfant, je ne
vous irai voir que l'année qui
vient. La Bretagne et la Provence
ne sont pas compatibles. C'est une
chose étrange que les grands
voyages. Si l'on était toujours dans
le sentiment qu'on a quand on
arrive, on ne sortirait jamais du
lieu où l'on est. Mais la Providence fait que l'on oublie, c'est la
même qui sert aux femmes qui
sont accouchées. Dieu permet cet
oubli, afin que le monde ne finisse
pas, et que l'on fasse des voyages
en Provence. Celui que j'y ferai
me donnera la plus grande joie
que je puisse recevoir de ma vie :

Mais quelles pensées tristes de ne voir point de fin à votre séjour. J'admire et je loue de plus en plus votre sagesse; quoiqu'à vous dire vrai, je suis fortement touchée de cette impossibilité; j'espère qu'en ce temps-là nous verrons les choses d'une autre manière, il faut bien l'espérer, car sans cette consolation il n'y aurait plus qu'à mourir; j'ai quelquefois des rêveries dans ces bois, d'une telle noirceur, que j'en reviens plus changée que d'un accès de fièvre.

———

A M. de Grignan.

Approchez, mon gendre, vous
voulez donc me renvoyer ma fille
par le coche? vous en êtes mal
content, vous êtes fâché, vous
êtes au désespoir qu'elle admire
votre château. Vous la trouvez
trop familière de prendre la liberté d'y demeurer, d'y commander;
comme vous haïssez ce qui est
haïssable, vous ne sauriez la souffrir. J'entre fort bien dans vos dé-
plaisirs, vous ne pouviez vous
adresser à personne qui les com-

prît mieux que moi ; mais savez-
vous bien qu'après m'avoir dit
toutes ces choses, vous me faites
trembler de vous entendre dire
que vous me souhaitez fort à
Grignan? et sur le même ton je
suis inconsolable, car je n'ai rien
de plus cher dans l'avenir que l'espérance de vous aller voir ; et
quoi que je dise, je suis persuadée
que vous en serez fort aise, et que
vous m'aimez. Il est impossible
que cela soit autrement. Je ne
crois pas qu'aucune de vos belles-
mères vous ait jamais autant aimé
que moi.

———

A sa fille.

Il y a huit jours que je suis ici dans une paix qui m'a guérie d'un rhume épouvantable; j'ai bu de l'eau, je n'ai point parlé, je n'ai point soupé, et quoique je n'en aie point raccourci mes promenades, je me suis guérie. Madame de Chaulnes, mademoiselle de Murinais, madame Fouché, et une fille de Nantes, fort bien faite, vinrent ici jeudi. Madame de Chaulnes entra en me disant qu'elle ne pouvait être plus long-

temps sans me voir ; que toute la
Bretagne lui pesait sur les épau-
les, et qu'enfin elle se mourait.
Là-dessus elle se jette sur mon lit,
on se met autour d'elle, et en un
moment la voilà endormie de pure
fatigue : nous causons toujours :
elle se réveille enfin, trouvant plaisante et adorant l'aimable liberté
des Rochers. Nous allâmes nous
promener, nous nous assîmes dans
le fond de ces bois, pendant que
les autres jouaient au mai. Je lui
faisais conter Rome, et par quelle
aventure elle avait épousé M. de
Chaulnes : car je cherche toujours
à ne point ennuyer. Cependant

voilà une pluie traîtresse comme
une fois à Livry, qui, sans se faire
craindre, se met d'abord à nous
noyer, à faire couler l'eau de par-
tout sur nos habits. Les feuilles
furent percées dans un moment,
nous voilà toutes à courir. On
crie, on tombe, on glisse, on fait
grand feu, on change de chemise,
de jupe, je fournis à tout, on se
fait essuyer ses souliers, on pâme
de rire. Voilà comme fut traitée
la gouvernante de Bretagne dans
son propre gouvernement : après
cela on fit une jolie collation, et
puis cette pauvre femme s'en re-
tourna bien plus fâchée, sans

doute, du rôle ennuyeux qu'elle
allait reprendre, que de l'affront
qu'elle avait reçu ici.

———

A la méme.

Vous savez comme je suis sujette
à me tromper. Voici ce que je fis
l'autre jour. Je vis, avant dîner,
chez M. de Chaulnes, un homme
au bout de la chambre, que je
crus être le maître d'hôtel; j'allai
à lui, et je lui dis : « Mon pauvre
« monsieur, faites-nous dîner, il
« est une heure, je meurs de faim ».
Cet homme me regarde et me dit :

« Madame, je voudrais être assez
« heureux pour vous donner à
« dîner chez moi ; je me nomme
« Pecaudière, ma maison n'est
« qu'à deux lieues de Lander-
« neau ». Ce que je devins n'est
pas une chose que l'on puisse dire.
Je ris encore en vous l'écrivant.

A la même.

Je suis méchante aujourd'hui,
ma fille. Je suis comme quand
vous disiez, vous êtes méchante.
Je suis triste, je n'ai point de vos
nouvelles. La grande amitié n'est

jamais tranquille. Il pleut, nous sommes seuls ; en un mot, je vous souhaite plus de joie que je n'en aurai aujourd'hui. Ce qui embarrasse fort mon abbé, la Mousse et mes gens, c'est qu'il n'y a point de remède à mon chagrin. Je voudrais qu'il fût vendredi pour avoir une de vos lettres, et il n'est que mercredi. Voilà sur quoi on ne sait que me faire. Toute leur habileté est à bout ; et si par l'excès de leur amitié ils m'assuraient, pour me faire plaisir, qu'il est vendredi, ce serait encore pis ; car si je n'avais point de vos lettres ce jour là, il n'y aurait pas

un brin de raison avec moi ; de
sorte que je suis contrainte d'avoir
patience ; quoique la patience soit
une vertu, comme vous savez,
qui n'est guère à mon usage, je
serai satisfaite avant qu'il soit
trois jours.

J'ai une extrême envie de savoir
comment vous vous portez de cette
frayeur. C'est mon aversion que
les frayeurs ; car, quoique je ne
sois point grosse, elles me le font
devenir, c'est-à-dire qu'elles me
mettent dans un état qui renverse
entièrement ma santé. Mon in-
quiétude présente ne va point
jusque-là ; je suis persuadée que

la sagesse que vous avez eue de garder le lit vous aura certainement remise.

Ne venez point me dire que vous ne me manderez plus rien de votre santé, vous me mettriez au désespoir, et n'ayant plus de confiance à ce que vous me diriez, je serais toujours comme je suis présentement. Il faut avouer que nous sommes à une belle distance l'une de l'autre, et que si l'on avait quelque chose sur le cœur dont on attendît du soulagement, on aurait un beau loisir pour se pendre.

—

A la même.

. . . . . . Cette nuit madame la princesse de Conti est tombée en apoplexie : elle n'est pas encore morte, mais elle n'a aucune connaissance ; elle est sans pouls et sans parole : on la martyrise pour la faire revenir ; il y a cent personnes dans sa chambre, trois cents dans sa maison : on pleure, on crie, voilà tout ce que j'en sais jusqu'à présent.

Pour M. le chancelier Séguier, il est mort très assurément, mais

mort en grand homme : son bel
esprit, sa mémoire prodigieuse,
sa naturelle éloquence, sa haute
piété se sont rassemblés aux derniers jours de sa vie. La compa-
raison du flambeau qui redouble
de lumière en finissant, est juste
pour lui. Mascaron l'assistait, et
se trouvait confondu par ses réponses et par ses citations ; il pa-
raphrasait le *miserere*, et faisait
pleurer tout le monde ; il citait la
Sainte Ecriture et les Pères, mieux
que les évêques dont il était envi-
ronné ; enfin sa mort est une des
plus belles et des plus extraordi-
naires choses du monde. Ce qui

l'est encore plus, c'est qu'il n'a point laissé de grands biens; il était aussi riche en entrant à la cour qu'il l'était en mourant, il est vrai qu'il a établi sa famille, mais si on prenait chez lui, ce n'était pas lui; enfin, il ne laisse que soixante-dix mille livres de rentes; est-ce du bien pour un homme qui a été quarante ans chancelier, et qui était riche naturellement. La mort découvre bien des choses, et ce n'est point de sa famille que je tiens tout ceci.

A la même.

Vous me demandez si j'aime toujours bien la vie ; je vous avoue que j'y trouve des chagrins bien cuisans ; mais je suis encore plus dégoûtée de la mort : je me trouve si malheureuse d'avoir à finir tout ceci par elle, que si je pouvais retourner en arrière, je ne demanderais pas mieux. Je me trouve dans un engagement qui m'embarrasse : je suis embarquée dans la vie sans mon consentement : il faut que j'en sorte, cela m'assom-

me, et comment en sortirai-je,
par où, par quelle porte? quand
sera-ce? en quelle disposition?
souffrirai-je mille et mille douleurs
qui me feront mourir désespérée?
aurai-je un transport au cerveau?
mourrai-je d'un accident? comment serai-je avec Dieu? qu'aurai-je à lui présenter? la crainte,
la nécessité seront-elles mon retour vers lui? n'aurai-je aucun
autre sentiment que celui de la
peur? que puis-je espérer? suis-je
digne du paradis, suis-je digne de
l'enfer? Quelle alternative! quel
embarras! rien n'est si fou que
de mettre son salut dans l'incer-

titude; mais rien n'est si naturel, et la sotte vie que je mène est
la chose du monde la plus aisée
à comprendre. Je m'abîme dans
ces pensées, et je trouve la mort
si terrible, que je hais plus la vie
parcequ'elle m'y mène par les épi-
nes dont elle est formée. Vous me
direz que je veux donc vivre éter-
nellement, point du tout, mais si
on m'avoit demandé mon avis,
j'aurais bien aimé à mourir entre
les bras de ma nourrice. Cela
m'aurait ôté bien des ennuis, et
m'aurait donné le Ciel bien sûre-
ment et bien aisément.

———

Autre.

Quel jour, ma fille, que celui qui ouvre l'absence ! comment vous a-t-il paru ? pour moi, je l'ai senti avec toute l'amertume et toute la douleur que j'avais imaginées, et que j'avais appréhendées depuis si long-temps. Quel moment que celui où nous nous séparâmes ! Quel adieu et quelle tristesse d'aller chacune de son côté, quand on se trouve si bien ensemble !

Je ne veux point vous en parler

davantage, ni célébrer, comme
vous le dites, toutes les pensées
qui me pressent le cœur : je veux
me représenter votre courage, et
tout ce que vous m'avez dit sur
ce sujet, qui fait que je vous admire. Il me parut pourtant que
vous étiez touchée en m'embras-
sant.

Pour moi, je reviens à Paris,
comme vous pouvez l'imaginer.
M. de Coulange se conforme à mon
état : j'allai descendre chez M. le
cardinal de Retz, où je renouvelai
toute ma douleur. Ne blâmez
point, mon enfant, ce que je res-
sentis en rentrant chez moi. Quelle

différence ! quelle solitude ! quelle tristesse ! votre chambre, votre cabinet, votre portrait, ne plus trouver cette aimable personne. M. de Grignan comprend bien ce que je veux dire et ce que je sentis. Le lendemain, qui était hier, je me trouvai toute éveillée à cinq heures. J'allai prendre Corbinelli pour venir ici avec l'abbé. Nous lisons des maximes que Corbinelli m'explique. Il voudrait bien m'apprendre à gouverner mon cœur : j'aurais beaucoup gagné à mon voyage si j'en rapportais cette science.

―――

A la même.

Je mandais l'autre jour à madame de Vins, que je lui donnais à de-
viner quelle sorte de vertu je met-
tais ici le plus souvent en pratique,
et je lui disais que c'était la libé-
ralité. Il est vrai que j'ai donné
d'assez grosses sommes depuis
mon arrivée : au matin 800 liv.,
l'autre 1000 liv., l'autre 500 liv.,
un autre jour 300 écus : il semble
que ce soit pour rire, ce n'est que
trop une vérité.

Je trouve des métayers et des

meûniers qui me doivent toutes
ces sommes, et qui n'ont pas un
sou pour les payer; que fait-on?
il faut bien leur donner. Vous
croyez bien que je ne prétends
pas un grand mérite puisque c'est
par force: mais j'étais toute prise
de cette pensée en écrivant à madame de Vins, et je lui dis cette
folie.

Je vis arriver l'autre jour une
belle petite fermière de Bodeyat,
avec de beaux yeux brillans; une
belle taille, une robe de drap de
Hollande, découpé sur du tabis,
les manches tailladées. Ah! sei-
gneur! quand je la vis, je me crus

Seb. Le Roy Del.   Massol Sc.

bien ruinée; elle me doit 8000 l.
M. de Grignan aurait été amou-
reux de cette femme; elle est sur
le moule de celle qu'il a vue a
Paris.

Ce matin il est entré un paysan
avec des sacs de tous côtés; il en
avait sous ses bras, dans ses
poches, dans ses chausses, car en
ce pays c'est la premiere chose
qu'ils font de les délier : ceux qui
ne le font pas sont habillés d'une
étrange façon. La mode de bou-
tonner le juste-au-corps par en bas
n'y étant point encore établie,
l'économie est grande sur l'étoffe
des chausses; de sorte que, depuis

le bel air de Vitré jusqu'à mon homme, tout est dans la dernière négligence. Le bon abbé qui va droit au fait, crut que nous étions riches à jamais. Ah! mon ami, vous voilà bien chargé; combien apportez-vous? Monsieur, dit-il, en respirant à peine, je crois bien qu'il y a ici trente francs... c'était tous les doubles de France qui se sont réfugiés dans cette province avec les chapeaux pointus, et qui abusent ainsi de notre patience.

———

A la méme.

Ma fille, il faut que je vous conte, c'est une radoterie que je ne puis éviter. Je fus hier à un service de M. le chancelier Séguier, à l'Oratoire, ce sont les peintres, les sculpteurs, les musiciens et les orateurs qui en ont fait la dépense; en un mot, les quatre arts libéraux. C'était la plus belle décoration qu'on puisse imaginer. Le Brun avait fait le dessin; le mausolée touchait à la voûte, orné de mille lumières et de plusieurs figures convenables à celui qu'on voulait louer. Quatre squelettes en bas étaient chargés des marques de sa dignité, comme lui ayant ôté l'honneur avec la vie. L'un portait son mortier, l'autre la couronne de duc, l'autre son ordre, l'autre les masses du chancelier. Les quatre arts étaient éplorés, et désolés d'avoir perdu leur protecteur ; la peinture, la musique, l'éloquence et la sculpture. Quatre vertus soutenaient la représentation, la force, la justice, la tempérance et la religion. Quatre anges ou quatre génies recevaient au-dessus cette belle urne.

Le mausolée était encore orné de plusieurs anges qui soutenaient une chapelle ardente, laquelle tenait à la voûte. Jamais il ne s'est rien vu de si magnifique, ni de si bien imaginé : c'est le chef-d'œuvre de Lebrun : toute l'église était parée de tableaux, de devises et d'emblêmes, qui avaient rapport aux armes, ou à la vie du chancelier. Plusieurs actions principales y étaient peintes. Madame de Verneuil voulait acheter toutes ces décorations à un prix excessif. Ils ont tous en corps résolu d'en parer une galerie, et de laisser cette marque de leur reconnaissance et de leur magnificence à l'éternité.

L'assemblée était belle et grande, mais sans confusion.

———

A la même.

Enfin, ma fille, me voilà réduite à faire mes délices de vos lettres : il est vrai qu'elles sont d'un grand prix, mais quand je songe que c'était vous-même que j'avais, et que j'ai eue quinze mois de suite, je ne puis retourner sur ce passé sans une grande tendresse et une grande douleur. Il y a des

gens qui ont voulu me faire croire
que l'excès de mon amitié vous
incommodait, que cette grande
attention à vouloir découvrir vos
volontés, qui tout naturellement
devenaient les miennes, vous faisait assurément une grande fa-
deur et un grand dégoût. Je ne
sais, ma chere enfant, si cela est
vrai; ce que je puis vous dire,
c'est qu'assurément je n'ai pas eu
dessein de vous donner cette sorte
de peine. J'ai un peu suivi mon
inclination, je l'avoue; et je vous
ai vue autant que je l'ai pu, par-
ceque je n'ai pas eu assez de pou-
voir sur moi pour me retrancher

ce plaisir; mais je ne crois point, vous avoir été pesante. Enfin, ma fille, aimez au moins la confiance que j'ai en vous, et croyez qu'on ne peut jamais être plus dénuée ni plus touchée que je le suis en votre absence.

La providence m'a traitée bien durement, et je me trouve fort à plaindre de n'en savoir pas faire mon salut. Vous me dites des merveilles de la conduite qu'il faut avoir pour se gouverner dans ces occasions; j'écoute bien vos leçons, et je tâche d'en profiter. Je suis dans le train de mes amies, je vais, je viens; mais, quand je

puis parler de vous, je suis contente, et quelques larmes me font
un bien sans pareil. Je suis les lieux
où je puis me donner cette liberté : vous jugez bien que, vous
ayant vue par-tout, il m'est difficile dans ces commencemens de
n'être pas sensible à mille choses
que je trouve en mon chemin.

Je vis hier les Villars, dont vous
êtes adorée. Nous étions en solitude aux Tuileries. J'avais dîné
chez M. le cardinal, où je trouvai
bien mauvais de ne pas vous voir.
J'y causai avec l'abbé S. Michel,
à qui nous donnons, ce me semble, comme en dépôt, la per-

sonne de son éminence. . . . . . .

. . . , ...

. . . .

Songez, ma fille, qu'il y a déja
quinze jours, et qu'ils vont de
quelque manière qu'on les passe.

———

*A la même, pour lui annoncer
la mort de M. de Longueville.*

Mademoiselle des Vertus était
retournée à Port-Royal! on est
allé la chercher avec M. d'Ar-
naud, pour dire à madame de
Longueville cette terrible nouvelle; mademoiselle des Vertus

n'avait qu'à se montrer, ce retour précipité marquait bien quelque chose de funeste. En effet, dès qu'elle parut... Ah! mademoiselle, comment se porte mon frère! — Madame, il se porte bien de sa blessure; il y a eu un combat, — et mon fils? — On ne lui répondit rien. — Ah! mademoiselle, mon fils, mon cher enfant, répondez-moi, est-il mort? — Madame, je n'ai point de parole pour vous répondre. — Ah! mon cher fils est-il mort sur le champ? N'a-t-il pas eu un seul moment? Ah! mon Dieu, quel sacrifice! et tout ce que la plus vive douleur peut faire, et par des convulsions, et par des évanouissemens, et par un silence mortel, et par des cris étouffés, et par des larmes amères, elle a tout éprouvé.

————

A la même.

Quand je vous écris des lettres courtes, vous croyez que je suis malade, quand je vous en écris de longues, vous craignez que je ne le devienne. Tranquillisez-vous. Quand je commence une lettre j'ignore si elle sera longue ou courte, j'écris tout ce qui me plaît, et tant qu'il plaît à mon esprit et à ma plume. Il m'est impossible d'avoir d'autres règles, et je m'en trouve bien.

———

A la même.

La nouvelle de la mort de M. de Turenne arriva lundi à Versailles : le roi en a été affligé, comme on doit l'être de la perte du plus grand capitaine, et du plus hon-nête homme du monde. Toute la cour en fut en larmes : on était près d'aller se divertir à Fontaine-bleau : tout a été rompu, jamais

homme n'a été regretté si sincèrement. Tout Paris, tout le peuple
était dans le trouble et dans l'é-
motion : chacun parlait, s'attrou-
pait pour regretter ce héros. Dès
le moment de cette perte, M. de
Louvois proposa au roi de le remplacer en faisant huit généraux
au lieu d'un.... Jamais homme
n'a été si prêt d'être parfait ; et
plus on le connaissait, plus on
l'aimait, et plus on le regrette : les
soldats poussaient des cris qui
s'entendaient de deux lieues, ils
criaient qu'on les menât au combat, qu'ils voulaient venger la mort
de leur général, de leur père, de
leur protecteur : qu'avec lui ils ne

craignaient rien; ils criaient qu'on
les laissât faire, et qu'on les menât
au combat. Ne croyez pas que
son souvenir soit jamais fini; dans
ce pays-ci, ce fleuve qui entraîne
tout, n'entraînera pas une telle
mémoire.

———

A la même.

Je ne réponds point à ce que vous me
dites de mes lettres; je suis ravie qu'elles
vous plaisent ; mais si vous ne me le
disiez je ne les croirais pas supportables.
Je n'ai jamais le courage de les lire tout
entières; et je dis quelquefois : Mon
Dieu, que je plains ma fille de lire tout
ce fatras de bagatelles. Quelquefois
même je me repens de tant écrire; je
crois que cela vous jette trop de pen-

9.

sées, et vous fait peut-être une sorte d'obligation de me répondre. Ah ! laissez-moi causer avec vous ; cela me divertit, mais ne me répondez point, il vous en coûte trop cher ; votre dernière passe les bornes du régime et du soin que vous devez avoir de vous. Vous êtes trop bonne de me souhaiter du monde ; il ne m'en faut point : me voilà accoutumée à la solitude.

Je me promène dans un bois qui fait mes délices. Il est d'une beauté surprenante : j'y suis souvent seule avec ma canne et Louison ; il ne m'en faut pas davantage. Quand je suis dans mon cabinet, c'est une si bonne compagnie, que je dis en moi-même : ce petit endroit serait digne de ma fille.

Vous savez bien que ce n'est pas les bois des Rochers qui me font penser à vous ; je n'en suis pas moins occupée au milieu de Paris : c'est le fond et le centre : tout passe, tout glisse par-dessus ou à côté.

Seb. Le Roy Del.   Massol Sc.

PORTRAIT

DE Mme DE SÉVIGNÉ,

PAR GROUVELLE.

Oui, Thémire, je plains l'auteur dont l'art stérile
Gâte un sujet charmant à force de beau style ;
La phrase académique, avec son air d'apprêt,
De ce génie heureux déguise le portrait.
Quoi ! j'irais, Sévigné, pour former ta guirlande,
    Aux parterres de la Hollande
Demander leur trésor factice et sans odeurs !
Non, des champs, des jardins mêlant toutes les fleurs,
J'en couvre ta statue : ainsi trouvaient leurs places
    Dans ton recueil si séduisant,
    Le pathétique avec les graces,
    Et le sublime, et le plaisant.

    Oui, s'il faut un panégyrique,
J'en veux un moins pompeux, Thémire ; et, sans puiser
    Aux sources de la rhétorique,

Près de vous, avec vous, je veux le composer.
   D'une femme spirituelle
Le tête à tête inspire ; on relit son modèle :
   Vingt traits de feu vont se croiser,
   Sortis d'une seule étincelle.
   Point de plan savamment tissu ;
L'imagination nous porte sur son aile ;
Ce qu'on dit, on l'écrit, et tout est bien reçu ;
   Sentiment, raison, bagatelle,
Tours naïfs, propos fins, grands traits, simple aperçu
C'est peindre Sévigné d'un goût qui la rappelle.
   Si nous plaisons, du moins comme elle
   Nous ne plairons qu'à notre insu.
   Je crois voir son ombre légère,
Accueillant d'un souris cet éloge du cœur,
Repousser le pédant qui la loue en auteur,
   Elle qui ne fut qu'une mère !
Sans sa fille en effet, qu'eût produit son talent,
Ce talent qui du cœur s'échappe innocemment
   Comme un instinct involontaire ?
Tantôt livrée au monde, et tantôt solitaire,
   Elle écrit, mais pour l'amitié ;
Mais pour elle, ou du moins pour une autre elle-mê
Sans effort, comme on parle, ou plutôt comme on a
   Elle n'a point rayé, relu, recopié ;
   En courant, sa plume hardie
   Rencontrait la perfection :

Sa lettre la plus belle est le premier brouillon
    Du sentiment et du génie.

    Si quelquefois son enjoûment
Semble affecter l'éclat d'un style moins vulgaire,
Et jette à pleines mains le sel et l'agrément,
    Cet art même est un sentiment ;
Moins tendre et moins aimante, elle eût moins voulu
    plaire :
En vain de froids censeurs à tant d'éclat surpris,
Diront que sa tendresse est trop ingénieuse,
Pauvres gens ! c'est vouloir Rubens sans coloris,
Et le printemps sans fleurs, et l'automne sans fruits.
Ne peut-on être tendre à moins d'être ennuyeuse ?
    Car enfin, qu'est-ce que l'esprit ?
    La nature (Pope l'a dit),
    Habillée à son avantage ;
Ce mot peint Sévigné ; briller est son partage.
Le sentiment d'un sot s'exprime sottement,
L'esprit malgré lui-même embellit ce qu'il sent ;
Quoi qu'elle touche, il faut que tout brille par elle ;
Ce style étincelant, ces traits vifs et pressés,
Toujours inattendus sans être déplacés,
    C'est là sa langue naturelle ;
Qui lui croit trop d'esprit n'en eut jamais assez.

    Songez que l'amour maternelle

Fait le fond de tous ses tableaux ;
Je vous aime... aimez-moi... lit-on à chaque page ;
Mais comme cet amour nuance son langage !
Ces mots tant répétés semblent toujours nouveaux ;
Un cœur intarissable épuise en vain l'image ;
Le talent plus fécond par-tout la rajeunit ;
Cent lettres ont passé ; le volume finit :
Je cours à l'autre... Eh bien ! mêmes tendres saillies
  Même torrent d'aimables vœux ,
D'épanchemens flatteurs, d'élans affectueux,
De conseils caressans, de douces gronderies !...
Ici j'entends la mère, et là c'est une sœur ;
Plus loin je reconnais le calme d'une amie,
Ailleurs d'un amant même elle a toute l'ardeur ;
La couleur de ses feux à chaque instant varie.

Mais, lorsqu'elle interrompt ces redites du cœur,
  Voyez comme son goût marie
  Tous les contrastes tour-à-tour ;
  Quelle riante broderie
  Elle étend sur ce fonds d'amour !
Ses goûts de jansénisme et de philosophie,
  Les riens qui sont tout dans la vie,
  Le petit scandale du jour,
  Les bons mots de sa cotterie,
Et le (dessous de carte) à la ville, à la cour,
Tout s'anime et ressort en sa libre peinture,

Tout respire la vie et l'air de la nature ;
    Trop souvent, il est vrai, pour nous,
Le trait le plus piquant est une énigme obscure,
Lecteurs, vous vous plaignez : eh ! pensait-elle à vous ?
    En semant ses fleurs éphémères
    Sur chaque ligne qu'elle écrit,
    Elle n'a pas plus dans l'esprit
    La postérité que ses peres.

Ce qui fait nos plaisirs faisait ses plus beaux jours,
Comme on voit Piccini, seul avec son génie,
Lui-même s'enivrer de sa douce harmonie,
Ou comme un rossignol chante pour les bois sourds,
    Sans voir le passant qui l'écoute.
    Elle ignorait, heureux destin !
Que le feuillet volant échappé de sa main,
    En suivant de Grignan la route,
De l'immortalité prenait le grand chemin.
    D'autres l'avaient trouvé sans doute ;
    Mais tous au moins l'avaient cherché ;
La Fontaine lui-même a su ce qu'il en coûte,
Sévigné de la gloire eut seule bon marché ;
    Seule, du trésor de sa fille
    Elle a fait un trésor public,
    Et dédié comme Wandick,
Aux siècles à venir des portraits de famille.

Tel parut du bon goût le modèle nouveau,
Le monde, en la lisant, reconnut la nature
Et les charmes du vrai tant vantés par Boileau,
On rougit de Balzac; on dédaigna Voiture;
Elle est la muse enfin d'un genre plein d'attrait.

Direz-vous que notre âge a perdu son secret ?
    Non ; et je sais telle rivale
    De ses immortels agrémens
Qui ne l'imite pas, mais peut-être l'égale;
J'en atteste et Thémire et ses billets charmans;
Je vous l'ai dit cent fois, la grace épistolaire
Est un talent de femme, un des mille arts de plaire,
Que sème en se jouant l'écharpe de Cypris;
Plus d'une Sévigné brille encor dans Paris.
    Il en est que l'amour inspire;
D'autres, sans l'amitié, n'auraient jamais écrit;
    Lequel vaut mieux, belle Thémire ?
Ne me demandez pas ce qu'en croit mon esprit,
    Je risque trop à vous le dire.

FIN.

LE
SOUVENIR
DES DAMES

FIDEL
ET
DISCRET

Seb. Le Roy, del.

Massol, sculp.t

A PARIS

Chez LE FUEL, Libraire, Rue S.t Jacques, N.o 54.

Janvier.

Février.

Mars.

Avril.

Mai.

Juin.

Juillet.

Août.

Septembre.

Octobre.

Novembre.

Décembre.

www.ingramcontent.com/pod-product-compliance
Lightning Source LLC
Chambersburg PA
CBHW051715090426
42738CB00010B/1922